karate praxis

MODERNE
TRADITION

CHRISTIAN WEDEWARDT

ゆ0ガエレー8Uガガタエ ゼめやエ

DIE VERTEIDIGUNG DES EIGENEN UNTEREN KÖRPERBEREICHES

karatepraxis®
MODERNE TRADITION

Bibliografische Information der Deutschen Nationalbibliothek:
Die Deutsche Nationalbibliothek verzeichnet diese Publikation
in der Deutschen Nationalbibliografie; detaillierte bibliografische
Daten sind im Internet über http://dnb.dnb.de abrufbar.

ISBN: 978-3-7597-8425-4

1. Auflage

© 2024 Christian Wedewardt
karatepraxis.com
Alle Rechte vorbehalten.

Verlag:

BoD · Books on Demand GmbH,

In de Tarpen 42, 22848 Norderstedt

Druck:

Libri Plureos GmbH, Friedensallee 273,

22763 Hamburg

Illustration:

Alcis Szabo-Reiss / alcis.de

Gestaltung:

Alcis Szabo-Reiss / kreativkopp.de

Hinweis:
Die Ratschläge in diesem Buch sind vom
Autor sorgfältig erwogen und geprüft,
dennoch kann eine Garantie nicht übernommen werden. Eine Haftung des Autors
und seiner Beauftragten für Personen,
Sach- und Vermögensschäden ist ausge-
schlossen.

Ich wurde 1974 in Hürth, Deutschland, geboren und startete Anfang 1988 mit dem Karatetraining im Dojo Frechen bei Köln. Bis zum Verfassen dieses Buchs habe ich nie mit dem Training aufgehört und neben dem Karate zahlreiche andere Kampfkünste und Systeme gelernt, um meine Karate-Perspektiven damit anzureichern. Für die Interpretation der Karate-Selbstverteidigung (Karate-SV) und des Bunkai, nutze ich zusätzlich Erfahrungen aus dem Judo, Aikido, Jiyu-Jitsu, Boxen und Krav-Maga, denn ich bin überzeugt:

„FÜR DIE ENTSCHLÜSSELUNG DER FORMALISIERTEN BEWEGUNGEN IN DEN KATA KÖNNEN NUR DINGE GEFUNDEN WERDEN, DIE BEREITS BEHERRSCHT WERDEN!"

Mein Anspruch an die Umsetzung der Kata-Bewegungen im praktische Karate, also mit Partner, insbesondere mit Blick auf die selbstverteidigungsrelevante Wirksamkeit, ist hoch. Ich lege dabei besonderen Wert darauf, dass das Karatepraxis-Bunkai exakt dem Formenablauf folgt, logisch aufgebaut ist, strategisch, taktisch interpretiert wird und sehr durchsetzungsstark in der Wirkung am Partner ist.

5

Christian Wedewardt
6. Dan Karate (WCA, DKV)
Gründer von Karatepraxis

2019 erschien mein erstes Buch: „Das Heian-Kata-Bunkai-Phänomen". Es hat in Teilen der Kategemeinschaft für ein Umdenken in der Unterrichtsweise dieser fünf Formen, sowie der Anwendung ihrer Inhalte im Partnertraining gesorgt. Ein weiteres Buch „Praktisches Karate – Gedanken zu einem neuen Verständnis" erschien 2023. Hierfür konnte ich einige renommierte, internationale Karateka gewinnen, ihre Gedanken dazu teilen.

WAS IST KARATEPRAXIS?

Karatepraxis ist eine stilunabhängige und sportpolitisch unparteiische Plattform zum Trainieren eines Karate in „moderner Tradition".

Karatepraxis wird nicht nur von mir alleine repräsentiert. Mittlerweile handelt es sich um ein Team aus hoch graduierten Karateka, die die Idee eines praktischen Karate teilen. Mit immer neuen Angeboten zu einem Karate, das im 21. Jahrhundert angekommen ist, im Alltag hinsichtlich des Selbstschutzgedankens funktioniert, Freude bereitet, fit macht und dabei nicht die traditionellen Wurzeln und die Charakterschulung vergisst, macht das Projekt immer wieder neu auf sich aufmerksam.

Das Karatepraxis-Team steht heute national und international für ein frisches, modernes Karate Training, das die Menschen begeistert und sich erfolgreich neben den modernen Hybrid-Systemen, wie Krav-Maga und MMA behaupten kann.

Aussage zum LG-Beginn: "OSU"
("Schön, dass Du da bist…. Ich passe auf Dich auf!")

VON KARATEPRAXIS GEPRÄGTE BEGRIFFE, PRINZIPIEN UND ANGEBOTE:

1. VERDICHTEN
2. KATA-EFFEKTIV-BUNKAI
3. KARATE-SV ALS LEHRSYSTEM
4. KATA-EMOTION-TRAINING
5. HEIAN-KATA-SYSTEM-BUNKAI
6. BIOFEEDBACK
7. MOTIV-BUNKAI
8. OSU, SCHÖN DASS DU DA BIST... ICH PASSE AUF DICH AUF!
9. FIRST THINGS FIRST
10. ABLAUF DER VERTEIDIGUNG
11. KÖRPERLOGIK
12. KÖRPERSCHACH
13. NON-VERBALE-KOMMUNIKATION IM KARATE
14. KARATE IST EIN GEFÜHL – UND DAS GEFÜHL IST "SCHMERZ", DENN FÜHLEN IST GLAUBEN

Dies sind längst in der Karate-Szene bekannte Begriffe und Aussagen geworden und stehen für ein "gutes Gefühl", Karate zu lernen. Das Verständnis verbreitet sich immer mehr – Karatepraxis ist „moderne Tradition"!

MEINUNGEN

„Christian Wedewardt's Art zu unterrichten Ist etwas, das jeder Karateka erlebt haben sollte!"

―――――――――
Iain Abernethy, 7. Dan, international lehrender Bunkai-Experte, England

„Ich habe in den letzten 30 Jahren mit vielen großartigen Meistern trainiert und Christian ist ganz sicher einer davon!"

―――――――――
Doug Clark, Dojoleiter Nevada-Shotokan Karate, USA

„Die Herleitung von Kampfkombinationen aus überlieferten Kata heraus, ist eine nicht zu unterschätzende Wissensquelle. Christian leistet hier wichtige Arbeit!"

―――――――――
Jürgen Höller, 6. Dan, Dojoleiter Bonn, Deutschland

INHALT

BUNKAI & SELBSTVERTEIDIGUNG

BUNKAI UND SELBSTVERTEIDIGUNG

BUNKAI UND SELBST- VERTEI- DIGUNG

Das Thema Selbstverteidigung mit Karate war für mich schon sehr lange ein wichtiges Thema. So entwickelte ich bereits 2008 eine fünfteilige Lehrgangsreihe mit dem Ziel, den Menschen in der Karatefamilie den Zugang zum Bereich der Selbstverteidigung einfach zu ermöglichen. Denn es ist bekanntlich nicht so, dass ein reguläres Karatetraining, bestehend aus Kata, Kumite und Kihon, den Übenden für eine Selbstschutz-Situation vorbereitet.

Es erfordert aber eben auch nicht große Veränderungen, um einen Karate-Lernenden zu befähigen sich im nötigen Fall selbst verteidigen zu können. Diese fünfteilige Lehrgangsreihe, unter dem Namen Karate-SV-Basislehrgangs-Reihe, wurde in den vergangenen Jahren von vielen Karateka besucht.

Im weiteren Verlauf bot das Karatepraxis-Team dann die Karate-SV-Expert-Lehrgangsreihe an, um im Bereich der Selbstverteidigung mit Karate bereits fortgeschrittene Karateka eine Möglichkeit zur Trainerweiterbildung zu bieten. Die Expert-Lehrgangsreihe wurde zusätzlich zu den Trainern des Karatepraxis-Teams von professionellen Referenten einzelner Themen verstärkt und hatte somit einen qualitativ sehr hohen Anspruch an die Seminarstruktur, heißt:

Ziel war es, die Teilnehmenden in die Lage zu versetzen, das Thema Selbstverteidigung mit Karate vor einer Gruppe unterrichten zu können.

Mein Trainer, Ludwig Binder, ist einer der Vorreiter für Karate als Selbstverteidigung in Deutschland. Er war und ist fest mit dem Thema verbunden und dafür deutschlandweit geschätzt und beliebt. Da ich den Bereich Selbstverteidigung mit Karate also in besten Händen sah, entschied ich bereits vor einigen Jahren mich selber mehr um das Thema Bunkai zu bemühen und es ins Zentrum meiner Entwicklungs- und Lehrausrichtung zu setzen.

Als erstes Ergebnis erschien 2019 mein Buch als Erstlinkswerk: „Das Heian Kata Bunkai Phänomen", in dem ich die Lehrkonzeption und die verschachtelten Zusammenhänge der 5 Kata im Bunkai hinsichtlich Ihrer Selbstverteidigungsfähigkeit beschreibe.

Die Inhalte dieses Konzeptes sind national und international sehr gefragt, was ich in zahlreichen Seminaren in Deutschland und anderen Ländern äußert. Mit dem hier nun vorliegenden Buch gehe ich wieder einen komplett neuen Weg. Dazu in den folgenden Kapiteln mehr.

MÖGLICHE BUNKAI INTERPRE- TATIONEN

Eine verbreitete Ansicht zum Entschlüsseln der Kata Formen im Bunkai ist ganz offenbar, dass jegliche Anwendungsinterpretation sich zu 100% an der Art und Weise einer athletisch, sportlich ausgeführten Darbietung orientieren muss. So sollen Stände in ihrer optimalen Dimension hinsichtlich Länge, Breite und Tiefe ausgeführt werden, gleichzeitig soll das jeweilige Embusen, Schrittdiagramm, und die vorgegebene Himmelsrichtung eingehalten werden, und Angriffe haben sich an die jeweils in der Form ausgeführten Blockbewegungen anzupassen.

Diesen Anspruch kann man an eine Bunkai Interpretation erheben. Ganz sicherlich sind so außerordentlich interessante Vorführungen der Anwendungen entwickelbar und geben einem nicht verständigen Publikum eine hervorragende Möglichkeit den normalerweise in der Form alleine ausgeführten Bewegungen einen Sinn zu sehen. Weiter ist eine solche Interpretation eine sehr gute Bewertungsgrundlage für eine Wettkampfjury, da so ein gewisser Standard festgelegt bleibt.

Diesen Ansatz verfolge ich nicht, sondern habe für meine Herangehensweise folgenden Leitsatz

---

"Kata ist der Boss, sie ist das Transportmittel des Wissens unserer Kunst! Nimm die Formel aus der Kata und verwende sie in kämpferischen Situationen zu deinem Nutzen!"

Wenn es also in diesem Buch nicht um die stereotypen Ansichten zu und Vortragsweisen von den einzelnen Kata geht, warum geht das denn dann?

Es geht um die Vogelperspektive, den Blick aufs Ganze. Ich habe mich gefragt wofür ist diese Kata möglicherweise da und nicht was kann man sinnvoll mit der einen oder anderen beinhalteten Kombination anfangen.

Soweit zur Einleitung über das Warum.

15

2. KAPITEL

大タナタ モやセエ

KATA EMPI

カタナタ
モ册セ工

EIN AUSZUG AUS WIKIPEDIA:

Sappushi Wanshu kam 1683 als einer der ersten Chinesen nach Okinawa (Tomari). Eine Quelle besagt, dass er der für die Verwaltung der pazifischen Inseln verantwortliche Abgesandte war. Er war Führer einer 500 Menschen starken Delegation, die aus wichtigen Persönlichkeiten bestand, wie z.B. chinesische militärische Beamte.

Er lehrte eine Karate-Kata, die nach seinem Namen benannt wurde (Wanshu). Damit ist sie einen ähnlichen Weg gegangen wie die Kūsankū. Es wird davon ausgegangen, dass der Tōde-Meister Sanaeda für dessen Verbreitung auf Okinawa sorgte. Der ursprüngliche chinesische Name war Kuan Yin Yang Pao Lit.

Die alte Wanshu existierte nur in der Gegend von Tomari. Diese Tatsache wird auch durch Gichin Funakoshi in seinem ersten Buch Ryu Kyu Kempo Karate bestätigt. Durch die Matsumura- und Itosu-Anko-Schule (Shuri) gelangte sie in den Shotokan-Zweig. Es ist jedoch nicht bekannt, wie das geschah. Im Shitō-Ryū, Wadō-Ryū sowie in anderen Stilen des Shōrin-Ryū wird sie unter ihrem ursprünglichen Namen geübt.

Empi bedeutet Flug der Schwalbe und war eine Namensgebung von Funakoshi Sensei in den 1930er Jahren, als er alle chinesischen Kanji aus politischen Gründen änderte. Der Name bezieht sich auf das Embusen (Schrittdiagramm), da hier sehr viele abrupte Richtungswechsel mit einer ständigen Hüftverlagerung gefordert sind, ähnlich wie bei einer Schwalbe, welche die Flughöhe sowie die Richtung im Flug schlagartig und permanent ändert. Dieses mühelos erscheinende Flugverhalten soll als Beispiel für die Ausübung der Kata dienen.

Aus der historischen oder üblichen Übersetzung, wie oben zu sehen, wissen wir Trainierenden eigentlich nur Floskeln über das Wie und Wer und nur sehr wenig über das Warum zu dieser Kata.

Geübte Karateka kennen die technischen Abfolgen, das Schrittdiagramm und das zu erreichende Timing in der Präsentation. Abgestuft nach Lebensalter wird eine entsprechende Athletik vom Vorführenden erwartet. Eine weitverbreitete Ansicht ist, die Kata Empi sei besonders gut geeignet für kleine, leichte, wendige, quirlige Menschen.
In meiner Zeit als Karatelernender habe ich niemals jemanden über das Warum sprechen hören. Ja, natürlich gibt es zahlreiche gute Interpretationen zu dieser Kata. Solche mit Vorführungscharakter für Turniere oder Shows und auch solche im Bereich des praktischen Karate. Dernoch habe ich persönlich bis hierhin noch nie jemand über ein übergeordnetes Warum, ein Ziel, einen Grund zur Ausübung dieser Form sprechen hören.

Um es vorweg zu nehmen:
Meine Motivation für dieses Buch ist es genau diesen Umstand aufzugreifen. Ich möchte Inhaltskonzepte liefern und damit Gründe, Motivation und Ziele benennen die erreicht werden können, wenn die Kata und ihre Anwendungen verstanden worden sind! Der Karatepraxis-Begriff hierfür ist: Motiv-Bunkai.

Wenn die Kata Empi hinsichtlich der Vorführungen besonders gut für kleine, quirlige, wendige, Menschen geeignet ist, ist sie dann für diesen Personenkreis auch die richtige Form in der Anwendung, dem Bunkai, in der Selbstverteidigung? Sind die verteidigungsrelevanten Inhalte auch für diesen Personenkreis zugeschnitten, oder ist es vielleicht anders? Lasst uns die Frage stellen:

WAS KANN MIR DIESE KATA BEIBRINGEN?

Aus dieser Frage leitet sich das Motiv-Bunkai ab. Wenn ich weiß, wofür eine Form gut ist, dann habe ich einen Grund sie zu üben oder einen Grund mich für eine andere zu entscheiden. Diese Entscheidungsfindung ist selbstverständlich vollkommen abseits jeglicher Turnierorientierung zu finden und kann in keiner Weise übertragen werden. Das Motiv des Karatepraxis-Bunkai ist es zu lernen, welchen Selbstverteidigungsrelevanten Nutzen der Karateka aus einer Form ziehen kann und nicht mit der Ausübung einen Wettkampf zu gewinnen.

FORM ÜBER FUNKTION?

Aus Sicht einiger praktisch orientierter Karateka ist die Aussage: „Form über Funktion", durchaus als Vorwurf zu sehen. Man möchte darauf hinweisen, dass es sinnlos ist, nur die Form zu üben und sie möglichst schön im Sinne von Ästhetik und Athletik auszuführen, aber eben nicht zu wissen, wofür die Form gut ist.

Davon distanziere ich mich vollkommen, weil ich unterschiedliche Gründe sehe, warum Menschen Karate erlernen. So erfreuen sich einige einfach an den koordinativen und manchmal meditativen Ausführungen von Kata als Form und schalten damit den Alltag aus. Wunderbar! Andere nutzen die Kata lediglich als Mittel eine nächste Graduierung zu erreichen. (So war das, um ehrlich zu sein, sehr lange für mich). Wieder andere eifern mit der Ausübung der Kata einem Turniersieg nach. Alle diese Zielsetzungen sind, meines Erachtens nach, vollkommen legitim und gleichwertig in ihrer Berechtigung. Wer mag schon entscheiden, was davon besser ist als das Andere.

Für mich ist es aber unbedingt wichtig, dass der Lernende sich darüber bewusst ist, welchen Weg er mit dem Lernen der Kata geht. Verfolgt er einen künstlerischen Ansatz, einen kompetitiven Ansatz oder einen praktischen Ansatz?

Sein persönlich richtiges Karate lernt der Einzelne nur, wenn er sich darüber bewusst ist was er lernt!

Iain Abernethy hat hierzu einen sehr lesenswerten Artikel verfasst. „Kampfkunst in der Übersicht". Veröffentlich ist dieser in dem Karatepraxis-Buch: „Praktisches Karate – Gedanken zu einem neuen Verständnis". Hier n zielt Iain darauf ab, dass es drei Kreise des Lernens gibt, die Kunst, den Wettkampf, und die Selbstverteidigung. Jeder Karateka befindet sich größteilig in einem dieser Kreise und verfolgt darin seine persönlichen Ziele (wenn er sich darüber bewusst ist in welchem Kreis er sich befindet). Alle diese Kreise haben eine kleine Schnittmenge mit den jeweils anderen beiden, aber lediglich eine kleine. Es ist also ein Irrglaube, jemand aus dem Bereich der Kunst, könnte ein Turnier gewinnen, sich mit dem Erlernten verteidigen oder kreuzweise umgekehrt in dieser gedanklichen Darstellung.

Die Aussage: Form über Funktion ist also relativ und wertungsfrei zu sehen. Für manche ist es dieser Weg für den Sie sich entscheiden und für andere ist es umgekehrt, wenn die Funktion der Form vorgezogen wird.

Nein! Hiermit möchte ich in keiner Weise beschreiben, dass es im Karate in Ordnung wäre die Funktion an die oberste Stelle zu setzen, denn unsere Kampfkunst, Karate-Do, besteht aus drei Säulen, welche es zu respektieren, nein mehr, zu trainieren und zu perfektionieren gilt.

Perfektionieren? Steht das nicht im Gegensatz zu den drei Kreisen wie zuvor beschrieben, da ja jeder Karateka großteilig in einem Kreis unterwegs ist? Nein, trainieren müssen wir in unserer Kampfkunst immer alle drei Säulen. Aber keine hat einen Selbstzweck, sondern jede Säule ist als Methode zu sehen um die im jeweiligen Kreis zu erreichenden, höchsten Qualitäten zu erreichen.

Dies bedeutet für Karateka, die sich für den Bereich des Selbstschutzes interessieren, dass Kihon die Grundlagen trainiert und das technische Vermögen schärft. Kata bietet mit dem Bunkai die Möglichkeit Kampfkombinationen zu erlernen und durch die Form auch zu erinnern, Prinzipien und Taktiken zu verstehen, Alternativszenarien zu kennen, und alles das in unterschiedlichen Distanzen umzusetzen. Das Kumite, in welcher Form auch immer, trainiert dabei den kämpferischen Umgang mit dem „Störfaktor" Mensch unter vorgeschriebenen Regeln.

Im Karate müssen wir immer alle drei Säulen trainieren!

Zum Abschluss dieses Kapitels möchte ich alle Karateka anregen sich bewusst zu machen, in welcher Umgebung sie persönlich Karate erlernen. Jedes Dojo folgt in gewisser Weise einer Spezialisierung in einem der beschrieben Kreise. Ist diese Spezialisierung das, was gesucht, gewollt wird oder ist jemand eigentlich auf dem falschen Pfad hinsichtlich dessen was er eigentlich lernen möchtet und ursprünglich gesucht hat?

Als Beispiel: Verfolgt jemand das Ziel des Turniererfolgs im Kumite, ist dieser sicherlich in einem Dojo für praktisches, selbstverteidigungsorientiertes Karate nicht richtig aufgehoben!

Manchmal kann es schon reichen im Heim-Dojo eine andere Gruppe zu besuchen. Möglicherweise ist aber auch der Wechsel des Dojos eine Option, wenn die Spezialis erungen der Trainingsinhalte es sinnvoll machen.

MACHEN WIR UNS ALLE BEWUSST, OB DAS WAS GESUCHT WIRD, AUCH DORT, WO GELERNT WIRD, ERHÄLTLICH IST!

23

ZUM AUFBAU UND DER HERAN- GEHENSWEISE IN DIESEM BUCH

Die Kata Empi wird hinsichtlich Ihrer Kampfkombinationen nach folgendem Schema betrachtet und analysiert:

- ✓ Grundsätzliches
- ✓ Zielgruppe
- ✓ Lernziele
- ✓ Defensive Techniken
- ✓ Offensive Techniken
- ✓ Distanzen und Richtungen

- ✓ Prinzipien
- ✓ Taktiken
- ✓ Alternativhandlungen
- ✓ Merksätze
- ✓ Bonusmaterial
- ✓ Kata-Kumite

Da es sich in allen Beschreibungen um Kampfkombinationen handelt, sind die Stände hoch, also natürlich. In den jeweiligen, einzelnen Abschnitten sind dennoch die einzunehmenden Stände in Klammern benannt.
Die Stände werden in Ihrer physiologischen Art genutzt, um den Körper insgesamt zu bewegen, und oder den eigenen Schwerpunkt in eine bestimmte Richtung zu verlagern.

DAS PARETO-PRINZIP ALS MASSGABE

Das Pareto-Prinzip, benannt nach Vilfredo Pareto, auch Pareto-Effekt oder 80/20 Regel genannt, besagt, das 80% der Ergebnisse mit 20% des Gesamtaufwandes erreicht werden. Während die verbleibenden 20% der Ergebnisse mit 80% des Aufwandes die meiste Arbeit bedeuten.

Das Karatepraxis Bunkai, sei es im HKSB (Heian-Kata-System-Bunkai) oder KMB (Kata-Motiv-Bunkai) versucht sich immer an möglichst realistischen Situationen zu orientieren und dafür eine höchstmöglich wirksame Verteidigungsinterpretation aufzuzeigen. Die häufig zusätzlich angebotenen Alternativen bilden dabei die restlichen 20% der Varianten ab.

OSU!

SCHÖN,
DASS DU
DA BIST...
ICH PASSE
AUF DICH
AUF!

VIEL SPASS
BEIM LERNEN!
UND ÜBEN!

カタナタ
EMPEI
BUNカタエ

KATA EMPI BUNKAI

ALLGE-MEINES

GRUNDSÄTZLICHES

In allen beschriebenen Kata-Anwendungstechniken handelt es sich um Kampf-Kombinationen, daher stehen sich Angreifer und Verteidiger jeweils frontal gegenüber. Hierbei nehmen beide einen natürlichen Stand mit leicht geöffneten Händen in Kopf-Schutzhaltung (Jodan-Kamae) ein.

Zielgruppe: Menschen jeden Alters als Karate-Anfänger ohne Vorkenntnisse und natürlich Fortgeschrittene bis hin zum Dan-Träger im Karate-Do.

Ja, meine Herangehensweise an das Kata-Motiv-Bunkai nimmt alle mit und erwartet selbst bei den sogenannten Dan-Kata keinerlei Voraussetzungen. Damit kann auch eine Person einer anderen Kampfkunst diese Inhalte in der nachfolgend beschriebenen Art trainieren.
Per Definition macht dies diese Person dann zu einem Karateka, weil alle Aspekte des Karate-Do damit trainiert werden!

LERNZIELE IM ALLGEMEINEN

Das Ziel ist, dass die Lernenden das Motiv der Kata kennen, sowie die Prinzipien, Taktiken, deren Alternativen verstehen und in verschiedenen Distanzen in relativen Positionen zum Angreifer trainieren und beherrschen. Das Kihon (technisches Grundlagentraining) soll zum großen Teil aus der Kata hervorgehen und Techniken der Kata auch an Klein- und Groß-Pratze, sowie gegebenenfalls Sandsack und Makiwara geübt werden. Ein zielgerichtetes Krafttraining kann hierbei unterstützend empfohlen werden.

LERNZIELE DER KATA EWEI

ÜBERGEORDNETES ZIEL

✓ Die Verteidigung des unteren Körperbereichs vom Solarplexus bis zu den Genitalien und Beinen gegen Schlag- und Trittangriffe

✓ Verstehen, dass es fünf mögliche, relative Verteidigungs-Positionen zum Angreifer gibt und deren Nutzung für Konter

ANGRIFFSTECHNIKEN - OFFENSIVE

✓ Fauststoß (Oi-Zuki) als Zweipunktfaust (Seiken-Zuki)
✓ Hammerschlag (Tetsui-Uchi)
✓ Aufsteigende Schlaghand (Age-Zuki)
✓ Handkantenschlag (Shuto-Uchi)
✓ Kniestoß (Hiza-Geri)
✓ Genital-Tritt (Kin-Geri)
✓ Greifen, Halten, Ziehen, Kontrollieren, Dominieren

✓ Körperschwerpunkt mit Zenkutsu-Dachi vorwärts bewegen
✓ Körperschwerpunkt mit Kokutsu-Dachi zurückhalten
✓ Körperschwerpunkt mit Kosa-Dachi absenken
✓ Offensive Standverkürzung mit Kokutsu-Dachi

ABWEHRTECHNIKEN - DEFENSIVE

- ✓ Unterer Wischblock (Gedan-Barai)
- ✓ Ruckartiges heranziehen an den eigenen Körper mit Koshi-Kamae oder Hikite
- ✓ Greifen, Kontrollieren, Dominieren mit Tsukami-Uke
- ✓ Beinabwehr mit Uchi-Ashi-Bukake-Uke
- ✓ Unterarmblock mit Haiwan-Uke

- ✓ Kontrollblock als Tate-Shuto-Uke
- ✓ Seitwärtsblock mit Shuto-Uke
- ✓ Offener Handblock mit Te-Nagashi-Uke
- ✓ Seitwärtsblock mit Gyaku-Uchi-Uke
- ✓ Körperschwerpunkt mit Kokutsu-Dachi rückwärts bewegen, bzw. hinten halten

DISTANZEN UND RICHTUNGEN

- ✓ Die Verteidigungsdistanzen in der Empi sind durch die Bank kurz.

- ✓ Seitwärtsbewegungen finden regelmäßig statt, werden aber minimalistisch ausgeführt und haben meist keinen wirklichen Winkelveränderungsansatz.

PRINZIPIEN

- ✓ Lediglich minimalistische Ausweichbewegungen aus der Angriffslinie
- ✓ Unmittelbare Besetzung des Raumes durch Nutzung der Nahdistanz

- ✓ Größtmögliche Dominanz durch Kontrolle des gegnerischen Kopfes
- ✓ Nach dem finalen Kontertreffer sofort zurück in eine sichere Distanz zum Angreifer

TAKTIKEN

- ✓ Durch das unmittelbare Besetzen des gemeinsamen Raumes ist eine schnelle Schock-Technik (Atemi-Technik) erforderlich.
- ✓ Durch Halten und Greifen erfolgt eine taktile Kontaktaufnahme welche zu größerer Kontrolle des Gegners führt und nach einiger Übungszeit intuitive, schnelle Antworten auf Bewegungen des Angreifers erlauben.
- ✓ Durch die Kontrolle des Kopfes wird die Führung der Situation übernommen

- ✓ Als Konter erfolgen immer mindestens zwei bis hin zu sieben Techniken um Chaos zu verbreiten
- ✓ Die Konter erfolgen in unterschiedlichen Höhen und aus unterschiedlichen Richtungen zum gegnerischen Körper, um offene, verwundbare Stellen zu finden.
- ✓ Der finale Konter zielt immer zum Kopf.

ALTERNATIVEN

- ✓ Innerhalb der vorgesehen Abwehr- und Konterfolgen (Kata-Ablauf) ist jeweils mindestens eine „Wenn-Dann" Möglichkeit enthalten.

- ✓ Die Kata plant bewusst mit ein, dass in der freiwillig gewählter Nahdistanz, nicht immer die anvisierten Konterstellen getroffen werden können und hält dafür Alternativen bereit.

MERKSÄTZE

✓ Hinsichtlich seines Selbstverteidigungskonzeptes zum Schutz des unteren Körperbereiches ist die Kata Empi für alle Interessierten geeignet!

✓ Zur Ausübung der geplanten Dominanz ist eine gewisse Grundfitness zu empfehlen.

✓ Eine Besondere Eignung ergibt sich aber für relativ große Menschen, denn diese werden vermutlich öfter auf kleinere Menschen treffen. Damit ist es für große Menschen wahrscheinlicher zum Körper, den Genitalien oder den Beinen angegriffen zu werden!

✓ Um den vollen Selbstverteidigungsnutzen des Empi-Motiv-Bunkai zu erreichen, muss die Kata im Bunkai gespiegelt werden. Sie muss also gleichberechtigt mit Links- und Rechtsauslage am Partner trainiert werden!

KATA-KUMITE

Dies ist ein nicht besonders weit verbreiteter Begriff und mag vielleicht zuerst irritierend sein. Kata-Kumite hat rein gar nichts mit einem turnierorientierten Freikampf zu tun. Es ist die freie Nutzung des in der Form übertragenen Inhaltes.

Während die Katas uns als Solo-Form die Gelegenheit bieten allein, ohne Partner zu trainieren und damit sowohl physische Bewegung, aber auch die kognitiven Informationen abzurufen und zu nutzen, bietet uns das Bunkai als Analyse die Möglichkeit Prinzipien, Taktiken und Alternativhandlungen der Defensive und Offensive in unterschiedlichen, relativen Positionen und Distanzen zum Partner zu trainieren.

Per Definition findet eine Analyse immer in sicherer Umgebung statt. Entsprechend erfolgt dies relativ langsam und möglicherweise unter enger Anleitung, bzw. im Austausch der Trainingspartner untereinander. Wenn die Lernenden das Wissen aus der Kata aufgenommen haben und die physischen Bestandteile umsetzen können, kommt als letzter Part das Kata-Kumite hinzu.

Die freie Nutzung der gesamten Kata-Inhalte am Partner, losgelöst von der Reihenfolge im Kataablauf und unter Widerstand, bzw. druckvollem, schnellen Angriff. Hierbei gilt dann Meister Gichin Funkoshi's Regel

---

„Der Anfänger braucht feste Regeln und Stände, wobei der Fortgeschrittene sich frei und natürlich bewegt."

Demnach finden keine sauberen, festen Stände gepaart mit Kime mehr statt, sondern lediglich die Anwendung aller bekannten „Fähigkeiten und Tricks".

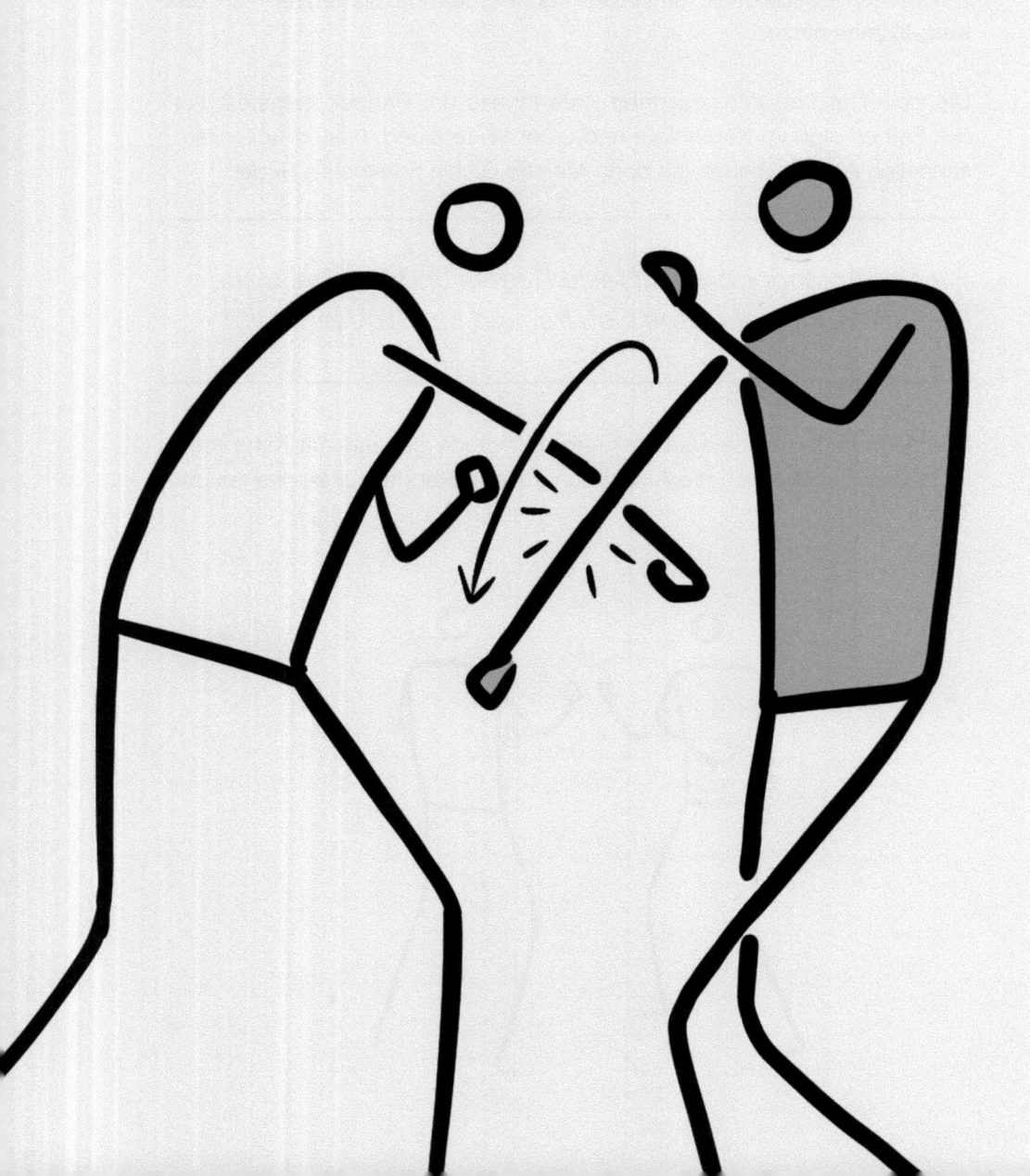

Das
Bunkai

KOMBINATION

Gedan-Barai (Tai-Sabaki-Dachi) / Koshi-Kamae (Heiko-Dachi) / Gedan-Barai (Zenkutsu-Dachi) / Kagi-Zuki (Kiba-Dachi)

Wie eingangs beschrieben, handelt es sich um Kampfkombinationen. Es stehen sich demnach Angreifer und Verteidiger frontal gegenüber. Dabei ist es unerheblich, ob der Angreifer eine Kampfstellung einnimmt oder natürlich steht. Der Verteidiger soll, wie in der Kata-Form eine natürliche, parallele Stellung einnehmen. Die Füße sind nicht geschlossen und auch die Hände befinden sich nicht wie im Kata-Yoi an der Hüfte. Der Verteidiger sieht hier eine gegenwärtige Bedrohungssituation und hält die Hände zur Kopfschutzhaltung geöffnet, beschwichtigend zwischen sich und den Aggressor.

Das Szenario

*Der Angreifer greift rechts mit Gyaku-Zuki oder Ura-Zuki zum Körper an. Der Verteidiger befindet sich **rechts** neben dem schlagenden Arm, auf der rechten Seite des Angreifers*

Mit den Händen in Kopfhöhe ist der Verteidiger bereit den Kampf aufzunehmen und hat das taktische Ziel möglich nah am Angreifer zu bleiben,
um sehr schnell seine Statik zu stören und zwei starke, kampfbeendende
Techniken zum Kopf schlagen zu können.

Dafür dreht sich der Verteidiger mit seinem Körper nach links und bringt
seinen Schwerpunkt dabei auf das linke Bein. Durch die 90 Grad Körperdrehung und die Gewichtsverlagerung, befindet sich der Verteidiger nun
außerhalb der Angriffslinie und rechts vom schlagenden Arm, aber sehr
nah am Angreifer.

Während dieser Körperdrehung und Gewichtsverlagerung führt der rechte
Arm den Gedan-Barai aus, um zuerst den Schlagarm zu parieren und ihn
dann auf Höhe des Ellenbogens zu fangen. Der Gedan-Barai geht dabei
in der Anwendung sofort in das Koshi-Kamae über. Er vollzieht dabei eine
Kreisbewegung ohne Kampfpause. Auch wenn das Zeitfenster, um den
gegnerischen Arm fangen zu können, kurz ist, lohnt es sich diese Position
zum Angreifer einzunehmen, denn es bietet relative Sicherheit und gute
Konterchancen.

Ist der Ellenbogen des Gegner mit dem eigenen rechten Unterarm gefangen worden, hilft der linke Arm dem rechten beim Koshi-Kamae. Dieses Zurückziehen der Hände an die Hüfte erfolgt ruckartig. (Vorsicht in der Umsetzung mit dem Partner!) Durch das abrupte Ziehen des gegnerischen Ellenbogens Richtung eigenem Bauchnabel, entsteht eine Dehnung der Hals- und Nackenmuskulatur, Musculus Sternocleidomastoideus. Dies führt unweigerlich zu einer Kopfbewegung des Angreifers nach oben entgegengesetzt, also weg vom Verteidiger. Hierdurch entsteht ein kleines Atemi-Zeitfenster (Atemi = Schmerz) für die eigentlichen Konter zum Kopf.

Aktuell hat der Verteidiger sein Körpergewicht noch auf dem linken Bein. Dieses wird nun nach rechts in einen, natürlich kleinen, Zenkutsu-Dachi verlagert. Mit der Schwerpunktverlagerung führt der Verteidiger den Gedan-Barai mit rechts aus. Beide Hände sichern aber aktuell noch den Ellenbogen, heißt: Die Distanz ist sehr eng. Der Verteidiger übernimmt das Zentrum des gemeinsamen Raumes für sich!

Der Begriff „Gedan-Barai" ist in der Überschrift bewusst gewählt, um nicht schon vorab für Verwirrung beim Lesen zu sorgen, denn anstelle eines Blocks, wird diese Bewegung als Hammerfaust (Tetsui-Uchi) ausgeführt, mit dem Ziel die rechte Kieferseite des Angreifers zu treffen.

Im weiteren Verlauf zeigt die Kata einen Wechsel von Zenkutsu-Dachi zu Kiba-Dachi, wobei das hintere Bein umgesetzt wird. Es handelt sich also um eine raumschaffende Bewegung.

Nach dem der Tetsui-Uchi, den Kopf getroffen hat, wird der Angreifer eine physische Reaktion zeigen, in dem der Kopf sich, der Kraftauswirkung folgend, vom Verteidiger weg bewegt. Das ist der Moment in dem der Wechsel vom Zenkutsu- zu Kiba-Dachi erfolgt, um die Distanz zum Ziel so einzustellen, dass der Kagi-Zuki dasselbe Ziel noch einmal treffen kann.

Die Taktik, die Dominanz in der Nahdistanz aufzubauen, hat zahlreiche Vorteile, bergen aber auch Gefahren. So sind zum Beispiel Wege zwischen den Kontrahenten kurz. Kurz sind sie natürlich auch für den Angreifer. Es ist also möglich, dass dieser entweder von Anfang an oder noch rechtzeitig seinen andern Arm an der richtigen Stelle bereithält, um von dem Tetsui-Uchi nicht getroffen zu werden. Genau diese möglichen „Fehlschläge" plant der Verteidiger in der Empi-Taktik mit ein und schlägt deshalb zweimal unmittelbar hintereinander zu. Ja, beide zum Kopf, den die kreisförmige „Gedan-Barai" Tetsui-Uchi-Bewegung zum Kopf wird bei einer gegnerischen Blockade diese einfach wegräumen und Platz schaffen für den Kagi-Zuki!

ZUSAMMENFASSUNG

Zusammengefasst lässt sich hier festhalten, dass der Verteidiger den Kampf wirklich annimmt und eine minimale Ausweichbewegung vornimmt, indem er sein Körper kurzzeitig eine 90 Grad verdrehte Position zum Angreifer einnimmt. Anders als in der ersten Technik in der Kata Form, erfolgt in der Anwendung kein harter Block, sondern viel mehr ein weiches Wegwischen, um anschließend die sofortige Kontrolle des angreifenden Armes zu übernehmen, an diesem zu ziehen und dadurch die Körperstatik des Angreifers zu stören. Sobald dies passiert ist, erfolgen die Gegenschläge. Das Mindset in dieser ersten Situation ist Programm für alles Weitere, denn sobald der Verteidiger einen gegenwärtigen Angriff erkennt, übernimmt er sofort die Initiative, und das Zentrum des gemeinsamen Raumes, um eine möglichst große Dominanz auszuüben.

DER TAKTILE KONTAKT ZUM GEGHER IST EINE WICHTIGE VERBINDUNG.

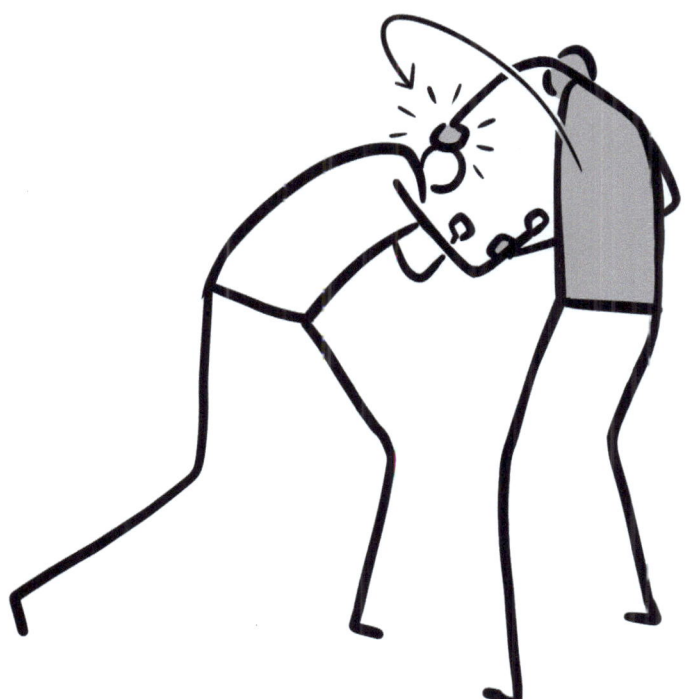

KOMBINATION

Gedan-Barai (Zenkutsu-Dachi) / Age-Zuki / Tsukami-Uke (Zenkutsu-Dachi) / Hiza-Geri / Gyaku-Zuki (Kosa-Dachi) / „Gedan-Barai" Als Tetsui-Uchi (Zenkutsu-Dachi)

VARIANTE A

Diejenigen von euch, die mein Buch zu den Heian-Kata gelesen haben, kennen den Begriff Konteroffensive bereits. Es handelt sich hier um eine Fortführung der Konterhandlung im weiteren Verlauf der Kata-Form.

Das Szenario
Der Angriff gemäß dem Szenario aus der 1. Kombination wurde vom Verteidiger erfolgreich abgewehrt, jedoch zeigten die Kontertechniken (Tetsui-Uchi und Kagi-Zuki) zum Kopf des Angreifers nicht den gewünschten Effekt.

Lasst uns noch einmal zu 1. Kombination zurückspringen. Der technische Ablauf endete mit: „Ja, beide zum Kopf, den die kreisförmige „Gedan-Barai" Tetsui-Uchi-Bewegung zum Kopf wird, bei einer gegnerischen Blockade, diese einfach wegräumen und Platz schaffen für den Kagi-Zuki."

Was aber, wenn der Kagi-Zuki (Horizontal-Haken), ebenfalls vermieden wurde, oder einfach gesagt, nicht getroffen hat? Dann hat der Angreifer bis auf eine kurzzeitige Orientierungsstörung durch den Muskel-Ruck keinen Schaden erlitten und ist somit weiterhin kampffähig!

Wir erinnern uns: Beide Arme haben den angreifenden Arm ruckartig zum eigenen Bauchnabel herangezogen, dann hat der rechte Arm den Tetsui-Uchi ausgeführt und anschließend folgte der Kagi-Zuki zum Kopf. Nun haben beide Konter ihre Wirkung verfehlt, der Angreifer hat seine Deckung linksseitig oben und befindet sich in der absoluten Nahdistanz. Gleichzeitig hat er seinen anderen Arm immer noch vor dem eigenen Bauch. Der muss weg! Dafür ist die Konteroffensive da!

Die hier beschriebene Situation ist nicht nur unbefriedigend für den Verteidiger, sondern darüber hinaus auch noch sehr gefährlich. Der Angreifer ist weiterhin bereit, seinen Kopf mit seiner linken Hand zu verteidigen, Das macht weitere Konter zu diesem Ziel sinnlos. Gleichzeitig schränkt sein rechter gefangener Arm vor dem Bauchnabel die eigene Bewegungsfreiheit ein.

WIE KANN DIESES PROBLEM GELÖST WERDEN?

Mit einem Wisch-Block! Gedan-Barai! Nach dem der Kagi-Zuki den Kopf nicht getroffen hat, nutzt der Verteidiger diesen Arm genau wie in der Kata für den Gedan-Barai (links) als Wisch-Block und räumt damit den Arm vor dem eigenen Bauch nach außen weg. Während der Angreifer mit links immer noch seinen Kopf beschützt, ist nun sein Bauch frei für einen Konter mit Age-Zuki.

In diesem Beispiel ist die Atemi-Technik (Schock-Technik) völlig unerwartet, weil in absoluter Nähe und unsichtbar für den Verteidiger ausgeführt. Das Ziel des Verteidigers ist es, den Kopf des Angreifers zu erreichen und diesen zu kontrollieren, um anschließend eine Serie schneller, harter, konsequenter Techniken zu verschiedenen Körperregionen ausführen zu können.

Dafür nutzt er unmittelbar nach dem Wisch-Block Gedan-Barai den Age-Zuki (aufsteigender Stoß) mit dem Ziel den Angreifer unterhalb seines Zwerchfells zu treffen. Das taktische Ziel ist die physiologische Reaktion nach dem Treffer. Es ist nämlich zu erwarten und geplant, dass der Angreifer sich, nach dem ersten Gegentreffer unterhalb des Zwerchfells, mit dem Kopf vorbeugen wird.

Sobald dies geschieht, nutzt der Verteidiger wieder seinen rechten Arm für den Tsukami-Uke (Greifblock) und führt diesen rechts am Kopf des Angreifers vorbei, um das Genick schlagend zu attackieren und dann zu greifen, zu kontrollieren, zu dominieren und definitiv nach unten zu zwingen, um dafür Sorge zu tragen, dass der Angreifer keinen Blickkontakt mehr mit seinem Ziel haben kann und erstmal orientierungslos ist.

Im weiteren Verlauf erfolgt mit dem rechten Bein ein Frontal-Tritt, welcher in verschiedensten Weisen ausgeführt werden kann. Abhängig von der im Moment gegebenen Distanz, ist es möglich einen Kinteki-Geri Gedan (abgesenkter Genitaltritt), einen Mae-Geri Chudan (Frontal-Tritt), oder einen Hiza-Geri (Knie-Stoß) auszuführen um die Dominanz weiterhin aufrechtzuerhalten. Der Kopf des Gegners bleibt während dieser Beintechnik weiterhin nach unten dominiert.

Sobald der Tritt erfolgt ist, wird das Bein in der Nahdistanz zum Angreifer abgesetzt und das hintere Bein zum Kosa-Dachi herangezogen. Dieser Stand bietet zwei herausragende Eigenschaften. Zum einen die Konzentration des Körperschwerpunktes auf eine minimale Grundfläche, was eine besonders nahe Distanz zum Gegner erlaubt und damit den Gyaku-Zuki links mit dem körperschwerpunkt unterstützt. Zum anderen die Schwerpunktabsenkung beides wollen wir hier nutzen.. Ziel dieser Schlagtechnik ist die rechte Kopfseite des Angreifers oder sein Genick.

Unmittelbar nach diesem Tsuki löst sich die rechte, dominierende Hand vom Kopf des Angreifers, holt aus und schlägt einen Tetsui-Uchi (Hammerfaust) auf die Stelle, die eben noch vom anderen Arm angegriffen wurde. Dabei dreht sich der Verteidiger vom Angreifer weg, um sofort eine sichere Distanz zum Angreifer zu finden, beziehungsweise zu flüchten. Die letzte, in der Kata als Gedan Barai ausgeführte Technik, ist in diesem Anwendungsszenario als Hammerfaust genutzt, und wird während der Flucht mit der 180 Grad Körperdrehung ausgeführt.

ZUSAMMENFASSUNG

Taktisch hat die Kata Empi hier eine sehr kluge Herangehensweise zu bieten, denn unmittelbar nach der Blockbewegung mit Gedan-Barai, erfolgt eine gerade Age-Zuki-Bewegung unterhalb des Zwerchfells des Angreifers, also zur Mitte seines Körpers, um danach sofort seitlich mit dem gleichen Arm seinen Hals zu attackieren und anschließend den Kopf zu greifen. Danach erfolgt ein Tritt von unten gegen den Partner gefolgt von zwei fallenden Schlägen von oben.

Wie in der Einleitung bereits vermerkt, möchte die Kata Empi im Rahmen der Verteidigungshandlung Chaos anrichten und den Angreifer aus verschiedenen Winkeln zu verschiedenen Körperbereichen angreifen, um eine verwundbare Stelle damit zu erreichen und den Kampf so mächtig und nachhaltig zu beenden.

VARIANTE B

Mit dieser Kombination zeigt die Kata Empi ein zweites Alternativszenario. Wie in der Überschrift zu sehen, eignet sich diese Kampfkombination hervorragend für eine Situation in der der Verteidiger anders als im der vorherigen Beschreibung, statt rechts neben dem angreifenden Arm nun links neben dem angreifenden Arm steht. Das bedeutet, dass der Verteidiger nach dem Block frontal vor dem Angreifer steht. Aus taktischer Sicht könnte man diese Situation als Nachteil empfinden.

Die taktische Grundausrichtung der Kata Empi möchte aber, wie bereits beschrieben, den Kampf annehmen und den Raum für sich beanspruchen. Dies geht am besten dann, wenn Dinge sofort passieren! Deshalb erfolgt in der 1. Kombination eine Minimal-Ausweichbewegung und in der Konteroffensive erfolgt gar kein Verlassen der Angriffslinie. Anstelle dessen steht eine sofortige Atemi-Technik die fast im Sinne einer De-Ai-Bewegung aufgeführt wird.

Das Szenario

*Der Angreifer greift rechts mit Gyaku-Zuki oder Ura-Zuki zum Körper an. Der Verteidiger befindet sich **links** neben dem schlagenden Arm, also innen und damit vor dem Angreifer.*

Aus seiner natürlichen Grundstellung, inklusive verdeckter Kampfhaltung mit den Händen zwischen sich und dem Angreifer in Kopfhöhe, bewegt sich der Verteidiger mit dem rechten Fuß rückwärts in einen kleinen Zenkutsu-Dachi. Während dieser Bewegung rückwärts führt er gleichzeitig mit seinem linken Arm einen Gedan-Barai aus um den angreifenden Arm zu parieren. Dies erfolgt, wie auch in der vorherigen Kombination, ohne großes Kime und entsprechend ohne Kime-Pause.

Im weiteren Verlauf ist es wieder das Ziel des Verteidigers den Kopf des Angreifers zu erreichen und diesen zu kontrollieren, um anschließend eine Serie schneller, harter, konsequenter Techniken zu verschiedenen Körperregionen auszuführen, genau wie in Kombination 1.

Neben der Grundinformation sich rechts oder eben links neben dem angreifenden, rechten Arm befinden zu können und damit zwei Antworten parat zu haben, kann der Konter nach Kombination 1 weitergeführt werden. Somit erfolgt der Konter sehr viel offensiver und wird zur Konteroffensive!

BONUSMATERIAL

Kosa-Dachi als Wurfeingang

Neben der zuvor beschriebenen Eigenschaft dieses Standes zum Absenken des Schwerpunktes, eignet sich der Kosa-Dachi auch besonders gut zum Laufen und damit als Wurfeingang. Wichtig zu wissen ist, es handelt sich hierbei nicht um ein Muss, sondern um eine weitere Option, die gewählt werden kann, wenn sich die Kampfhandlung in der Auseinandersetzung entsprechend entwickelt.

Was bedeutet das im Einzelnen? In den beiden beschriebenen Konteroffensiven gehen wir davon aus, dass nach dem Frontal-Tritt und dem fallenden Gyaku-Zuki die Dominanz auf dem Kopf des Angreifers aufrecht erhalten bleibt und somit der Kopf weiter Richtung Boden gezwungen wird. Sollte dieser Plan in der Weise nicht funktionieren, sondern der Angreifer der Dominanz entgehen und es schaffen seinen Kopf wieder zu heben und damit seinen Körper teilweise oder ganz wieder aufzurichten, dann bietet der Kosa-Dachi die perfekte Positionierung, um als Wurfeingang den Angreifer z.B. mit Ippon-Seoi-Nage (Einpunkt-Schulterwurf), O-Soto-Gari (Große Außensichel) oder ähnlichem, entsprechend der relativen Position zum Partner zu werfen.

ZWISCHENBILANZ

Diese Kata bietet je eine Option für die Verteidigung, wenn sich der Verteidiger links oder rechts neben dem rechten Angreiferarm befindet und hält für die erste Kombination eine Konteroffensive bereit, sowie für beide relativen Positionen jeweils die zusätzliche Möglichkeit die Verteidigung mit einem Wurf zu beenden.

KOMBINATION

Gedan-Barai (Zenkutsu-Dachi) / Sune-Uke + Haishu-Uke / (Kiba-Dachi) / Tetsui-Uchi / Hiza-Geri (Kiba-Dachi) / Tate-Shuto-Uke / Ren-Zuki (Kiba-Dachi)

In der Kata-Form ist diese Stelle sehr ausdrucksstark und schön anzusehen. Sie wird langsam und sehr ästhetisch ausgeführt. Vom reinen, technischen Ablauf her, findet hier zuerst ein Zenkutsu-Dachi statt, unmittelbar gefolgt von einer Körperschwerpunkt-Rückverlagerung und anschließend eine Seitwärtsbewegung in den Kiba-Dachi nach links. Der Körperschwerpunkt nimmt also im Verlauf dieser Bewegung drei verschiedene Richtungen ein, vorwärts, rückwärts und links seitwärts. Darauf möchte ich hier gerne vorab hinweisen, denn für die nun folgenden Ablaufbeschreibungen ist dies sehr von Bedeutung.

Das Szenario

Kombinations-Angriff mit rechts Gyaku-Zuki Chudan plus rechts Mawashi-Geri (Zielhöhe Gedan, Chudan, oder Jodan). Der Verteidiger befindet sich vor dem Angreifer

---

Als Verteidiger sollte man sich immer darüber bewusst sein, dass ein Angreifer höchstwahrscheinlich nicht nur mit einer Attacke plant, sondern auch dieser taktisch vorgeht und im Verlauf seiner Angriffe versucht eine freie, verwundbare Stelle zu treffen. In dieser Passage der Kata hat der Angreifer einen solchen taktischen Plan. Derartige kämpferisch, taktische Planungen nennen wir innerhalb des Karatepraxis-Teams übrigens „Körper-Schach", weil zuerst eine Aktion gestartet wird, auf die die andere Partei reagieren muss, wodurch sich eine neue Situation ergibt und erwartungsgemäß dadurch Chancen entstehen. Dies sowohl in der Offensive wie auch in der Defensive.

Der Angreifer verhält sich in dieser Kombination ähnlich wie ein sportlicher Wettkämpfer, indem er zuerst einen Schlag zum Körper, unterhalb der Brustlinie ausführt und damit den Verteidiger zu einer Vermeidungshandlung zwingt. Seine Erwartung dabei ist, eine Rückwärtsbewegung und die Nutzung des vorderen Arms, hier der linke, zum Blocken des Angriffs.

Durch die Rückwärtsbewegung entsteht dabei eine etwas größere Distanz als vor dem Schlag. Der Angreifer weiß dabei genau: Für eine offensive Beintechnik benötigt er eine etwa ein Drittel größere Distanz als für seine Schlagtechnik. Dies erreicht er durch sein taktisches Vorgehen. Gleich nach seinem Chudan-Schlag führt er deshalb einen Mawashi-Geri aus. Technisch gesehen kann dieser nun zum Kopf, zum Körper oder zu den Beinen erfolgen.

Bedingt durch den Schlag zum Körper und der sich nun vor dem Körper befindenden Deckung des Verteidigers, ist ein Folgeangriff wieder zum Körper nicht besonders aussichtsreich für einen Treffer. Deshalb entscheidet er sich, abhängig von seinen Fähigkeiten und Vorlieben für einen seitlichen Tritt zum Kopf oder einen Tritt zu den Beinen (Mawashi-Geri).

Der Plan des Angreifers in Kürze: Der erste Angriff zum Körper zwingt meinen Gegner rückwärts und bringt seine Deckung nach unten zum Körper. Anschließend habe ich Platz für eine gute Beintechnik zum Kopf oder zu den Beinen.

Der Verteidiger verpasst in dieser Kombination den Moment, möglichst nahe am Angreifer zu bleiben und den gemeinsamen Raum möglichst schnell für sich zu beanspruchen. In den vorherigen Kombinationen erfolgte jeweils eine sehr schnelle, erste Schocktechnik, um die Führung in der Situation zu übernehmen und gleichzeitig einen zweiten Angriff zu vermeiden oder zumindest diesen zeitlich ein Stück zu verzögern, um selber die Gelegenheit zu haben, weitere Konter zu platzieren, bevor die zweite Angriffstechnik überhaupt erfolgen kann.

Die Konzeption dieses Verteidigungsablaufs ist dabei als Alternative zu den vorherigen Techniken zu sehen, denn die erste Schocktechnik findet hier nicht statt, weil der Verteidiger sich versehentlich ein Stück zurückbewegt, was die natürliche Reaktion auf eine Attacke ist. Erst hierdurch wird die Tritttechnik des Angreifers in der Distanz ermöglicht.

Nach den ersten Lernkombinationen, bietet die Kata hier einen Ausweichplan für eine Situation in der als Reaktion zuerst die Distanz vergrößert anstelle von verkleinert wurde und damit der Angreifer in die Lage versetzt wird mit einer zweiten Technik anzugreifen. Dies wurde in den vorherigen Kombinationen durch das Besetzen des gemeinsamen Raumes unmittelbar unterbunden. Hier zeigt sie, dass der Verteidiger sich darüber bewusst sein soll, dass nach dem ersten Schlagangriff ein weiterer Folgen wird und dieser höchstwahrscheinlich als Tritt ausgeführt wird, wenn die Distanz beim ersten Block vergrößert wird. Der Verteidiger plant dennoch, genau wie zuvor auch, den Kopf des Angreifers schnellstmöglich unter Kontrolle zu bekommen, diesen zu dominieren und im Verlauf seiner Konter mit mehreren Angriffen aus verschiedenen Richtungen zu attackieren.

Wie bereits bekannt, stehen sich Angreifer und Verteidiger in natürlichen Stellungen gegenüber, wobei der Verteidiger seine Hände wieder zur Kopfschutz-Haltung offen und deeskalierend zwischen sich und seinem Gegner für Blockbewegungen bereithält.

Der Angreifer attackiert mit einem rechten Gyaku-Zuki zum Körper. Der Verteidiger nimmt sein rechtes Bein ein Stück rückwärts und rutscht mit seinem Körper gleichzeitig ein Stück nach hinten (Suri-Ashi). Dabei belässt er sein Körper Schwergewicht zum überwiegenden Teil auf dem vorderen Bein (Zenkutsu-Dachi) und führt mit seinem linken Arm wieder den Gedan-Barai (Tiefer Wischblock) aus. Bedingt durch das nach hinter gleiten weiß er nun, im besten Fall intuitiv, dass er sich in einer gefährlichen Distanz für einen folgenden Trittangriff befindet. Deshalb nutzt er sein Körpergewicht auf dem vorderen Bein zum Abstoßen rückwärts, soweit, dass seine Beine wieder ungefähr auf parallele Höhe kommen und damit sein Schwerpunkt auf eine sehr kleine Fläche verteilt ist (Heiko-Dachi).

Während dieser Rückwärtsbewegung hebt er seinen linken Arm, welcher eben noch den Block ausgeführt hat, hoch zum Kopf, um mit seinem gesamten Arm den Kopf zu beschützen (Haishu-Uke). Gleichzeitig hebt er auf dem Weg rückwärts sein linkes Knie vor dem Körper hoch und bringt es in Kontakt mit dem linken Ellenbogen. Damit bilden das linke Bein vom Fuß über Schienbein bis Knie und der linker Arm vom Ellenbogen bis zur Hand eine Linie vor seinem Körper. Alles dies geschieht während sich der Körperschwerpunkt nach hinten Richtung Heiko-Dachi (Parallel-Stellung) bewegt. Noch befinden sich Arm und Bein gerade zwischen Angreifer und Verteidiger. Soll heißen, dass diese Haltung noch nicht grundsätzlich als Block zu sehen ist, sondern lediglich als Schutz!

Die Blockbewegung, also die Gegenbewegung, erfolgt erst nachdem der Schwerpunkt nach hinten gebracht wurde, denn nun erfolgt in der Kata-Form die Seitwärtsbewegung des linken Beines nach links in den Kiba-Dachi. Für den Verteidiger heißt dies, er soll nach seiner Rückwärtsbewegung mit der Arm- und Beinschutz Haltung sein Bein nach links außen wegstellen. Das Ziel dieser Bewegung ist so simpel wie genial. Hat der Angreifer seinen Tritt ausgeführt und es ist zum Körperkontakt beider Parteien gekommen, soll der Verteidiger durch die Seitwärtsbewegung nach links den Angreifer in seiner Körperstatik stören und ihn so zwingen, sein Bein nach dem Tritt an einer von ihm bisher nicht geplanten Stelle absetzen zu müssen.

Erwartungsgemäß führt diese Handlung des Verteidigers zu einem relativ breiten Absetzen im Stand des Angreifers. Hierbei kommt es möglicherweise zu einer leichten Vorlagerung des Oberkörpers, was das unmittelbare Greifen des Kopfes für den Verteidiger ermöglicht. Das Greifen des Kopfes erfolgt mit der linken Hand, denn sie ist nach der Körperschutz-Haltung sehr nah am Angreifer.

Nun übernimmt der Verteidiger die Führung der Situation, indem er den Kopf mit seiner linken Hand kontrolliert und genau wie in den vorherigen Kombinationen aus unterschiedlichen Richtungen attackiert. Hierfür schlägt er zuerst mit seiner rechten Hand Hammerschlag (Tetsui-Uchi) von der Seite gegen den Kopf und hält ihn anschließend mit beiden Händen fest. Bedingt durch diese Aktion ist die Aufmerksamkeit des Angreifers auf seinen eigenen Kopf gerichtet.

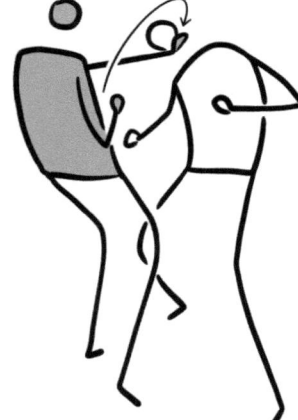

Die perfekte Gelegenheit, um nun selber mit dem rechten Knie den Unterleib des Angreifers zu attackieren, denn dieser Bereich ist höchstwahrscheinlich nicht gut geschützt. In der Kata-Form handelt es sich hier um ein aufsteigendes Knie (Hiza-Geri). Nach der „Keep-it-simple-Formel", ist es allerdings auch möglich diese Technik des rechten Beines zu variieren und anstelle eines Kniestoßes eine andere in der Situation passende Technik mit dem rechten Bein als Angriff auszuführen. Die physische Reaktion auf die Attacke mit dem rechten Bein wird eine weitere, verstärkte Vorbeugung des Angreifers zur Folge haben.

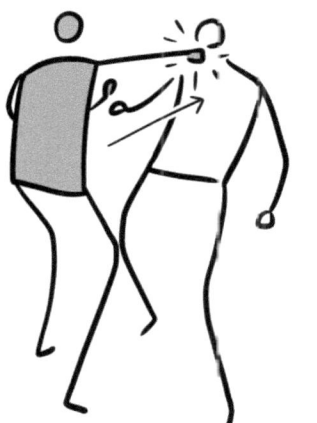 

In der Kata-Form wird das rechte Bein nach der Tritttechnik nach rechts in den Kiba-Dachi zur Seite gestellt. In der Anwendung bedeutet dies eine seitwärts Verschiebung, um nach der Beintechnik nicht weiterhin genau vor dem Gegner zu stehen, denn dies würde die Gefahr beinhalter möglicherweise als eine nächste Handlung des Angreifers zu Boden gebracht zu werden. Während der Seitwärtsbewegung wird der Kopf des Angreifers gleichzeitig mit dem gestreckten linken Arm weggedrückt. Beides, die Seitwärtsbewegung und der gestreckte linker Arm, gepaart mit der Kontrolle des Kopfes, bildet die perfekte Ausgangssituation für zwei Schläge aus seitlich versetzter Position zum Kopf, den Rippen oder gar den Nieren des Angreifers ausgeführt werden können.

KOMBINATION

Gedan-Barai (Zenkutsu-Dachi) / Age-Zuki (Zenkutsu-Dachi) / Shuto-Uke (Kokutsu-Dachi) / Shuto-Uke (Kokutsu-Dachi) / Gyaku-Zuki (Kokutsu-Dachi) / Shuto-Uke (Kokutsu-Dachi)

Bevor wir in den technischen Ablauf dieser vierten Kombination einsteigen, sind einige vorbereitende Worte erforderlich, um die zahlreichen Möglichkeiten, die diese Kombination technisch und taktisch ermöglicht, zu erfassen. Im weiteren Verlauf wird es zuerst darum gehen, den bis hierhin bereits bekannten Prinzipien von Distanz, Dominanz und Chaos zu folgen und damit, weitere Alternativen zur Verteidigung von Angriffen zum unteren Körper, sowie Konter kennenzulernen. Zum Ende dieses Kapitels wird es im Bonusmaterial einige interessante kleine und große Veränderungen als mögliche Alternativszenarien und -handlungen geben.

So viel vorab: diese Kombination hat es in sich!

Obwohl die ersten beiden Bewegungen dieser Gesamtkombination bereits bekannt sind, ändert sich dennoch danach der Ablauf vollständig! Dieser Umstand und die Erkenntnis, dass es in jeder Kata Kombinationen gibt, die zuerst einmal gleich sind oder zu sein scheinen und sich dann dennoch ein wenig von bisher in der Kata bereits ausgeführten Bewegungen unterscheiden, ist einer der Gründe warum ich meine Bunkai-Bücher und Seminare in der Art konzipiere und leite, wie man es von mir kennt, denn der Architekt dieser Form wird sich etwas dabei gedacht haben, Abläufe in einer Kata zu wiederholen und jeweils kleine Veränderungen dabei einzubauen.

Wenn wir nur gut genug hinschauen, erkennen wir: augenscheinlich gleiche Bewegungen in den Formen unterscheiden sich doch ein wenig, weil eine Bewegung etwas anders ist oder sich die Technik vor oder nach der Kombination verändert! Genau hierin sehe ich einen großen taktischen Schlüssel zur Dekodierung der überlieferten Formen.

Das Szenario:

Der Angreifer schlägt rechts Gyaku-Zuki oder Ura-Zuki zum Körper. Der Verteidiger befindet sich vor dem schlagenden Angreifer

---

Wie auch zuvor stehen sich beide Partner wieder in der Vorkampfphase gegenüber und der Verteidiger ist in seiner natürlichen Stellung deeskalierend bereit sich zu verteidigen, den Kampf aufzunehmen die Distanz für sich zu beanspruchen, den Angreifer aus verschiedensten Richtungen zu attackieren und dabei Chaos zu verbreiten.

Die erste Blockbewegung mit Gedan-Barai (unterer Wischblock) im Zen-kutsu-Dachi wird von einem Age-Zuki (aufsteigender Schlag) ergänzt. Das Ziel kann der Körper sein, um eine Vorbeugung zu erreichen oder aber der Kopf. Hier erfolgt der Schlag nun Richtung Kopf. Dabei geht der Verteidiger davon aus, dass dabei drei Dinge passieren können. Auf alle drei Varianten eingestellt, bietet diese Passage der Kata unglaublich starke Konterszenarien an.

VARIANTE A

Der Age-Zuki trifft den Kopf am Kinn von unten. Dies bringt als physiologische Reaktion nach dem Treffer den Körper des Angreifers in die Rückla-
ge. Damit entsteht eine etwas größere Distanz zum Angreifer. Gerade genug, um mit dem Vorgehen in Kokutsu-Dachi (rückwartsgelehnter Stand)
wieder diesen Raum für sich zu beanspruchen. Der eigene Schwerpunkt
bleibt in diesem Stand, wie der Name schon sagt, zum Großteil hinten.
Nach dem der Age-Zuk von vorne-unten getroffen hat, erfolgt sofort mit
dem gleichen Arm ein Angriff mit Shuto-Uchi (Handkantenschlag) von der
Seite gegen den Hals des Angreifers. Während dieser Gesamtbewegung
sichert der Verteidiger mit seinem linken Arm den rechten Angreiferarm,
welcher den Schlag ausgeführt hatte. Wenn eine, oder besser beide Kontertechniken getroffen haben, ist davon auszugehen, dass die Auseinandersetzung damit beendet ist. In diesem Fall geht der Angreifer durch die
Kontereinwirkungen zu Boden, oder er wird einfach weggestoßen.

VARIANTE B

Der Ablauf ist gleich dem vorherigen. Der Verteidiger kontert mit dem Shuto-Uchi zum Hals und sichert mit seinem linken Arm den Angreiferarm. Nun haben aber die beiden Konterbewegungen den Angreifer nicht kampfunfähig gemacht, und dieser nutzt seine nächste Angriffsmöglichkeit.

Dafür hat er in der Nahdistanz seinen linken Arm für einen Mawashi-Zuki (Rundschlag) zum Kopf frei. Der Verteidiger weiß um diese Gefahr und nutzt den Shuto-Uchi sofort als „First-Things-First-Antwort" gegen diese kurze, schnelle, zweite Attacke und blockt mit Shuto-Uke (Handkantenabwehr) ab. Der eigene rechte Arm hat also in diesem Szenario drei Aktionen: Age-Zuki von unten zum Kinn, Shuto-Uchi von der Seite zum Hals und Shuto-Uke nach außen, um den Rundschlag zu blocken! Je nach Situation und Geschwindigkeit des zweiten Angriffs kann natürlich auch nach dem Age-Zuki sofort der Shuto-Uke erfolgen.

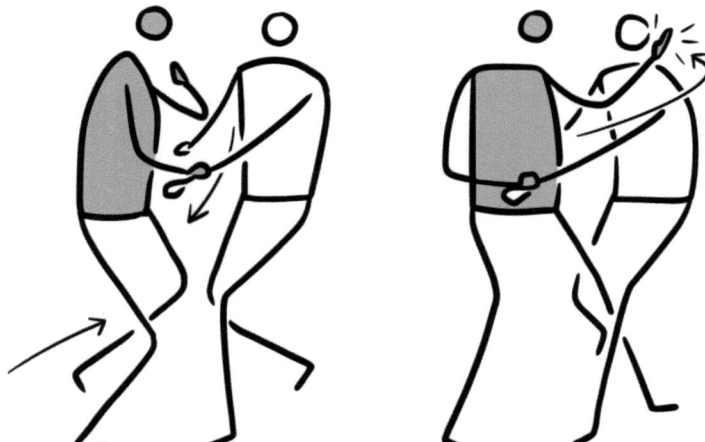

Im Zwischenergebnis stehen sich beide Kontrahenten frontal gegenüber, wobei der Verteidiger innen die vorteilhaftere Position hat. Diese nutzt er aus für seine Ziele, die wir bereits kennen: Distanz beherrschen und Chaos verbreiten!

Nach dem Shuto-Angriff oder -Block, in beiden Szenarien, steht der Verteidiger zentral vor dem Angreifer, wobei dieser beide Arme außerhalb des Zentrums hat. Für den Verteidiger bietet dies die hervorragende Möglichkeit, nun mit seinem linken Arm die linke Halsseite des Angreifers mit Shuto-Uchi, links, anzugreifen. In der Kata folgt nach dem zweiten Shuto ein Gyaku-Zuki (gegenläufiger, gerader Fauststoß) mit rechts. Der Gyaku-Zuki ist naturgemäß, aufgrund der Streckung des Armes ein Stück länger als der Shuto-Uchi davor. Warum? Weil der Ablauf der Kata den Treffer des Shuto-Uchi am Hals des Angreifers und die resultierende, physische Reaktion, mit einplant. Und das ist noch nicht alles! Durch den Shutc-Uchi gegen die linke Halsseite wird die Trefferwirkung des Einschlags den Angreifer in die Rückbeuge zwingen, perfekt für einen Gyaku-Zuk ohne Standveränderung.

Durch diese weitere Krafteinwirkung zum Kopf, wird die Rückbeugung des Angreifers weiter verstärkt. Jetzt ist allerdings ohne eine Standveränderung der Kopf nicht mehr erreichbar, deshalb zeigt die Kata als letzte Bewegung in dieser Richtung einen Kokutsu-Dachi rechts vorwärts plus Shuto-Uchi rechts. Es ist dabei wieder ein Kokutsu-Dachi, weil der Großteil des eigenen Körpergewichts hinten bleibt und eine relative kleine Distanz ausreicht um den Schritt vorwärts zu machen. Selbst wenn wir in diesem Stand von einer Gewichtsverteilung von 70% hinten und 30% vorne ausgehen, wird der finale Shuto-Uchi um 30% durch die Vorwärtsbewegung verstärkt.

Das geplante Konter-Chaos ist perfekt! Nach dem ersten Block mit Gedan-Barai, erfolgt die Gegenwehr mit einem aufsteigenden Schlag zum Kopf, gefolgt von einem Handkantenschlag gegen die rechte Halsseite des Angreifers und im Anschluss gegen seine linke Halsseite. Danach ein gerader Faussstoß zum Gesicht plus ein erneuter Angriff gegen seine rechte Halsseite. Chaos !!!

VARIANTE C

Diese ist relativ kurz und schnell beschrieben. Sie betrifft die letzte Konterbewegung Kokutsu-Dachi recht plus Shuto-Uchi. Sofern der Verteidiger seinen rechten Fuß relativ vor dem Angreifer oder auf seiner rechten Seite platziert, erfolgt der Shuto-Uchi als Schlagtechnik zum Kopfbereich mit dem Ziel einen großen Hebel auszuführen der durch das unterlaufen des Schwerpunktes des Angreifers mit KK und Nutzung des Shuto-Armes am Kopf ausgeführt wird. Setzt er seinen Fuß aber links außerhalb des Angreifers ab, eignet sich diese Gesamtposition sehr gut um einen Ashi-Barai (Fußfeger) zu nutzen, und den Gegner zu Boden zu bringen.

VARIANTE D

In Variante A war es der Plan dem Angreifer mit dem Age-Zuki direkt anzugreifen oder dem Angreifer damit die eigene Deckung in sein Gesicht zu schlagen. Was aber, wenn der Verteidiger den Age-Zuki, erkennt und proaktiv blockt? Er bringt also seinen linken Deckungsarm aktiv vorwärts, um den aufsteigenden Age-Zuki zu vermeiden. Über dieses „Geschenk" freut sich der Verteidiger, denn durch das Vorbringen seiner linken Deckung kann der Verteidiger nun wie in Variante B, sofort die linke Halsseite kontern ohne die Gefahr eines zweiten Angriffs, denn der linke Arm des Angreifers wird bei Kontakt sofort gesichert. Der weitere Ablauf ist dann wie in den vorherigen Varianten.

Es ist mir hier wieder sehr wichtig zu betonen, dass die Katas uns im Bunkai Prinzipien, Taktiken und Alternativhandlungen zeigen, welche in unterschiedlichen Situation in sich verändernden Distanzen angewendet werden können.

KOMBINATION

Gedan-Barai (Zenkutsu-Dachi) / Age-Zuki / Tsukami-Uke (Zenkutsu-Dachi) / Hiza-Geri / Gyaku-Zuki (Kosa-Dachi) / „Gedan-Barai" Als Tetsui-Uchi (Zenkutsu-Dachi)

Meister Gichin Funakoshi schrieb in seinen 20 Regeln fest, dass die Kata-Form nicht verändert werden soll (meines Erachtens nach, damit die inkludierten Informationen nicht verwässert, verändert werden oder gar verloren gehen). Üben wir dann das Bunkai analog dem Ablauf der Kata sind die Verteidigungspositionen und -abläufe fixiert und bieten eine fast vollständige Kollektion an Handlungen gegen die mit dieser Form zu Verteidigenden Angriffe. Aber eben nur fast! Denn:

ES IST UNERLÄSSLICH IN DER ANWENDUNG ALLE KONTERSZENARIEN AUCH ZU SPIEGELN, ALSO MIT JEWEILS DER ANDEREN AUSLAGE ZU TRAINIEREN.

Nur so wird es ein vollständiges Repertoire.

Das Szenario:

Der Angreifer schlägt links Gyaku-Zuki oder Ura-Zuki zum Körper. Der Verteidiger befindet sich links neben dem schlagenden Angreifer

---

Der Angriff erfolgt hier also linksseitig zum unteren Körperbereich. Der Verteidiger soll, wie in der Kata-Form, mit dem linken Arm den Angriff mit Gedan-Barai (unterer Wischblock) ablenken. Hierdurch befindet sich der Verteidiger links neben dem Partner. Eine gute Position, weil außerhalb der Angriffslinie. In dieser Position zum Angreifer wird ein zweiter Angriff nur schwerlich möglich sein. Der Verteidiger hat seinerseits eine ziemlich mächtige Position zum Angreifer. Gewohnt nah hat er seine Distanz für den Gedan-Barai gewählt und kann nun leicht seitlich versetzt und außerhalb der Angriffslinie positioniert sehr gut seitlich den Angreifer attackieren. Hier ergeben sich erneut zwei gute Varianten:

VARIANTE A

Der Age-Zuki kann sehr gut gegen die kurzen Rippen als Atemi-Waza (Schocktechnik) genutzt werden. Im Rahmen der „künstlerischen Freiheit" kann der Age-Zuki möglicherweise für dieses Ziel gegen einen anderen Fauststoß getauscht werden. Unabhängig von der Art des Schlages oder Stoßes wird sich der getroffene Angreifer als Reaktion in die Richtung der Schmerzeinwirkung beugen, also erwartungsgemäß schräg links nach außen. Dies sollte eine deutliche Veränderung seines Körperschwerpunktes zur Folge haben.

In der Kata-Form erfolgt im Anschluss der Tsukami-Uke mit dem Arm, der gerade den Gegenangriff ausgeführt hat. Da der Angreifer sich Richtung Schmerz beugen wird, ist nun von der seitlichen Position der Kopf leicht erreichbar. Deshalb greift der Verteidiger nun in die Haare und zieht den Angreifer in seiner Beugerichtung weiter und dabei schräg nach unten. Der Angreifer wird dadurch so sehr in der Statik gestört, dass er möglicherweise bereits zu diesem Zeitpunkt das Gleichgewicht verliert und stürzt. Falls dies so ist; prima. Falls aber nicht, erfolgt der Hiza-Geri (Kniestoß) mit dem rechten Knie. Das Ziel ist dabei variabel. Es ist möglich die linken Rippen, die Wirbelsäule oder das Genick anzugreifen.

Das bereits bekannte Bestreben des Verteidigers, die Distanz beherrschen, dominant zu sein und aus verschiedenen Richtungen angreifend Chaos zu verbreiten, gilt auch hier, denn nach dem Hiza-Geri wird das Bein in unmittelbarer Nähe zum Angreifer abgestellt. Der Kopf, die Haare sind noch immer mit rechts gegriffen. Nun schlägt der linke Arm den fallenden Gyaku-Zuki (gegenläufiger, gerade Fauststoß) zum Kopf. Im Anschluss dreht sich der Verteidiger vom Angreifer weg, um schnellstmöglich den engen Distanzraum zu verlassen oder sogar zu flüchten. Während dieser Körperdrehung schlägt der Verteidiger noch einmal zu. Diesmal mit der rechten Hand als Tetsu -Uchi (Hammerfaust) zum Kopf.

73

Merke: in einer Kata kann die letzte Technik in eine Richtung niemals ein Block sein. Denn wäre es so, würde der Angreifer nach der Richtungsänderung in der Lage sein erneut anzugreifen und seinerseits seitlich oder gar von hinten verwundbare Stellen zu erreichen.

VARIANTE B

Wie in Variante A hat sich der Verteidiger in die seitliche Position bewegt und bis auf eine kleine Änderung bleibt der Rest gleich. Der Age-Zuki mag gegen die Rippen des Angreifers funktionieren, das ist aber keineswegs eine sichere Bank im Sinne von verlässlichem, wirksamen Ziel der ersten Kategorie, zumindest nicht als Age-Zuki. Deshalb habe ich in Variante A vorgeschlagen, die Technik für dieses Ziel möglicherweise auszutauschen.

Der Age-Zuki wird in seinem wörtlichen Sinne genutzt: Aufsteigend und zwar gegen das Ellenbogengelenk des Angreifers. Der Gedan-Barai hat als Wischblock seine Aufgabe erfüllt. Gleich nach dem Kontakt beider Arme dreht der Verteidiger seinen Blockarm so, dass seine Finger Richtung Himmel zeigen können und beugt sein Handgelenk zu sich. Hiermit wird der Angreiferarm im Verlauf der runden Blockbewegung „gefangen". Sobald dies geschehen ist, erfolgt der Age-Zuki. Der aufsteigende Schlag wird dabei gegen den Ellenbogen ausgeführt. Trifft diese Bewegung das Ziel erwartungsgemäß, entsteht zumindest wieder ein Atemi-Moment (Schock-Erlebnis) und der Angreifer beugt sich Richtung Schmerz, also schräg nach seitlich, vorne, zum Ellenbogen. Möglicherweise wird der Ellenbogen dabei sogar zerstört.

Anders als in Variante A, erfolgt im weiteren Verlauf nun ein Handkanten-schlag zum Kopf oder Hals um den Schockmoment zu nutzen und einen weiteren Schaden zu verursachen. Danach erfolgt, wie in Variante A das Haare greifen plus Kniestoß und so weiter.

ANMERKUNG

Mir ist vollkommen bewusst, dass der Age-Zuki häufig als eine defensive Bewegung zum Blocken erläutert wird. Dies mag auch funktionieren, wenn man es hinreichend trainiert hat und alles im Moment der Anwendung zusammenpasst. Ich biete mit meinen Interpretationen lediglich andere Ansätze, was keine Wertung im Sinne von richtig oder falsch beinhaltet. Für mich ist Plausibilität wichtig in meinen Erläuterungen. Deshalb nutze ich den Age-Zuki (Aufsteigender Schlag) nicht als Block mit dem relativ kleinen Teil der rückseitigen, gebeugten Hand, sondern biete Alternativen als Denkanreize an. Der Leser entscheidet dann vollkommen individuell über: „Das kann ich gut gebrauchen!" oder eben: „Das ist nichts für mich." Wichtig sind die Auswahlmöglichkeiten für den Lernenden, denn es geht in den Kampfkünsten nicht darum zu glauben was Höhergraduierte er-läutern oder zeigen, sondern ausschließlich darum, was das angebotene dem Einzelnen nutzen kann um als Individuum sein eigenes Karate für sich zu verbessern.

KARATE IST KEIN COPY-PASTE SONDERN EIN COPY-TRY-USE-DEVELOP SYSTEM.

KOMBINATION

Gedan-Barai (Zenkutsu-Dachi) / Gyaku-Teisho-Uke Jodan rechts (Zenkutsu-Dachi) / Teisho-Uke Jodan links mit Teisho-Uke Gedan rechts (Zenkutsu-Dachi) / Kansetsu-Wasa (Zenkutsu-Dachi)

Ich glaube, das Folgende beinhaltet die am schwierigsten zu beschreibenden Technikabläufe. Vermutlich liegt dies daran, dass es auch die am weitesten entwickelte Kombinationen der Kata sind. Warum glaube ich das? Weil es gleich mehrere simultan passierende Abläufe gibt: Zwei schnelle, kurze Blocks in der frontalen Nahdistanz, ein seitlicher „Shuffel" (Ausweichbewegung), Mawashi-Uke (Doppelkreis-Armbewegung) und Hebelansatz. Es ist komplex und daher nicht einfach zu beschreiben. In der Umsetzung am Partner ist es aber vollkommen logisch, praktisch und passt ins Gesamtkonzept dieser Form. Los geht's, versuchen wir's!

Das Szenario:

Der Angreifer schlägt rechts Gyaku-Zuki oder Ura-Zuki zum Körper plus links Rundschlag zum Kopf. Der Verteidiger befindet sich vor dem schlagenden Angreifer

---

In Kombination 4, mit den verschiedenen Varianten, handelte es sich auch um mögliche Zweifachangriffe. Jedoch blieb der Verteidiger dabei immer auf der Innenposition und behauptete diesen Raum mit all den bereits

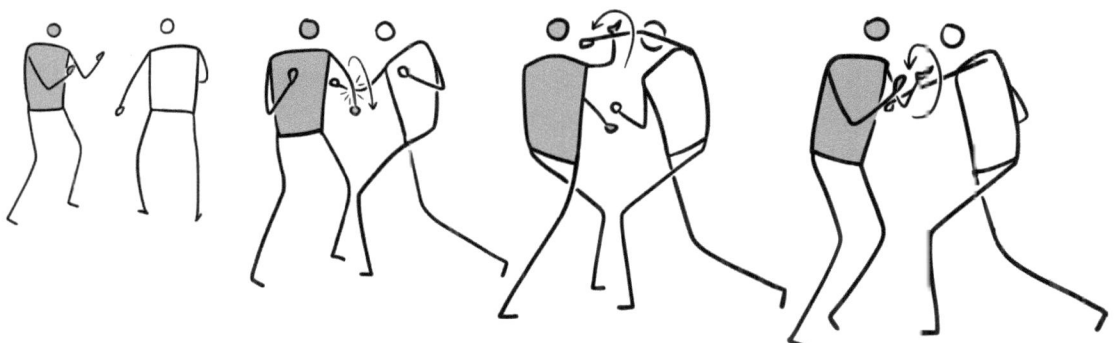

bekannten Attributen und Prinzipien für sich. Hier, in Kombination 6 ist der taktische Unterschied gleich zu sehen: Die Innenposition wird verlassen. Die Dominanz im gemeinsamen Raum bleibt aber aufrechterhalten, denn der Verteidiger umläuft mit dem Shuffle den zweiten Angriff, um aus der seitlichen Position seine Konter zu starten.

Der Ablauf im Einzelnen: Der Angreifer schlägt zuerst rechts Gyaku-Zuki oder Ura-Zuki zum Körper und im Anschluss links Rundschlag zum Kopf. Der Verteidiger nutzt wie in allen bisherigen Kombinationen auch den Gedan-Barai (Unterer Wischblock) zur Verteidigung und nimmt den zweiten Angriff mit dem Rundschlag unmittelbar wahr. Für einen Age-Zuki, wie zuvor mehrfach beschrieben, bleibt keine Zeit oder die Umstände machen es gerade nicht möglich, weil etwas zu spät reagiert wurde, der Angreifer mit vollem Körpergewicht in Vorwärtsdrang ist, oder er aufgrund von größerer Masse nicht zu stoppen sein wird. Kurz: Es macht keinen Sinn vor dem Angreifer zu bleiben!

Daher nutzt der Verteidiger nach dem Gedan-Barai links seinen rechten Arm als oberen Block, Teisho-Uke oder möglicherweise als Kake-Uke. Ziel dieses Haken-Blocks ist den linken Rundschlag des Angreifers kurzzeitig zu kontrollieren und zu irritieren, weil er während des Kontaktes sein linkes Bein zu seinem Rechten heranziehen will, um aus der Angriffslinie zu gelangen. Dabei duckt er sich etwas und leitet mit dem Teisho-Uke oder Kake-Uke den linken Rundschlag nach links weiter. Wie eine Art Mawashi-Uke. Währenddessen setzt er seinen rechten Fuß zum Zenkutsu-Dachi circa 90-Grad versetzt vorwärts und am Angreifer vorbei. Jetzt befindet sich der Verteidiger nicht mehr vor, sondern auf der geschlossenen, linken Körperseite des Angreifers. Diese Position kann sehr vorteilhaft sein für gleich wieder mehrere Varianten die Kontrolle zu übernehmen, dominant zu sein und den Partner im weiteren Verlauf zu schädigen, zu hebeln oder zu werfen.

VARIANTE A

Der Verteidiger befindet sich wie beschrieben auf der linken Seite des Angreifers. Dieser ist aufgrund seiner Attacke in Linksauslage. Er hat also sein linkes Bein vorne. Der Verteidiger hat sein rechtes Bein vorne und steht seitlich versetzt auf der geschlossenen Seite. Nach dem Ducken und dem Vorgehen kontrolliert er nun mit seinem linken Arm den Schlagarm und schlägt selber mit seinem rechten Arm Gedan zu.

Dafür nutzt er den Tate-Shuto-Uchi gegen die Genitalien oder den Se-riuto-Uchi (Handwurzelschlag) als Impulsschlag gegen die Oberschenkel-muskulatur. Während des Konters kontrolliert er mit seinem linken Arm den Angreiferam und hält diesen mit links fest. Erwartungsgemäß beugt sich der Getroffene wieder Richtung Schmerz, hier also vorwärts. Diese Vorbeuge ist dem Verteidiger sehr willkommen, denn während der An-greifer in einem Moment der Schwäche seinen Körperschwerpunkt nach vorne gerichtet absenken möchte, stoppt der Verteidiger dies über das Ellenbogengelenk als Armstreckhebel. Dafür nutzt der Verteidiger seinen rechten Arm, der gleich nach dem Gedan-Konter wie ein Ura-Zuki hoch-gezogen wird. Hierfür gibt es zwei sehr gute Ziele.

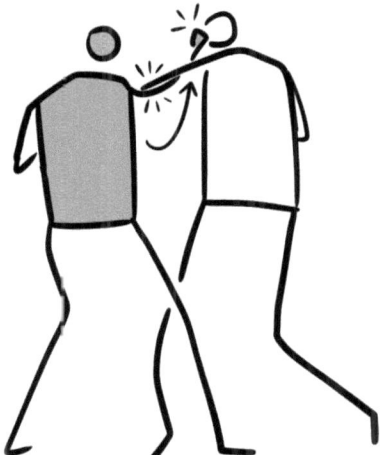

Zum einen ist der Ellenbogen des Angreifers ein erstklassiges Ziel, denn dieser wird durch die Schlageinwirkung sicherlich zerstört. Zum anderen kann der Ura-Zuki, wenn von der Position und Distanz erreichbar, auch zum Kinn geschlagen werden. Beide Ziele sind sicherlich kampfentschei-dend, wenn sie getroffen haben. Welches das bessere Ziel ist, entscheidet der Verteidiger „on the fight" also während oder innerhalb der Situation je nach Möglichkeit und auch Vorlieben. Das ist aber noch nicht alles!

In der Kata-Form erfolgt nach dem ersten Morote-Kake-Uke (Doppelter-Haken-Block) ein weiterer während dem Vorgehen im Zenkutsu-Dachi. Die Arme tauschen Ihre Position und das eigene Körpergewicht wird mit dem Zenkutsu-Dachi vorwärts bewegt.

Dies eignet sich sehr gut, um nach dem Ellenbogenangriff mit der rechten Hand, unterhalb des Armes auf der linken Kopfseite aufsteigend, das Genick zu greifen. Wenn der Griff erfolgt ist, folgt der Schritt vorwärts in den Zenkutsu-Dachi. Durch das Tauschen der Arme wird nun der Kopf des Angreifers heruntergedrückt und durch den Schritt die Statik so gestört, dass er umfällt.

VARIANTE B

Diese Variante ist bis zum Konter gegen den Ellenbogen oder den aufsteigenden Schlag gegen das Kinn identisch. Wie zuvor beschrieben, ist einer dieser beiden Treffer sicher kampfentscheidend, wenn erfolgreich angebracht. Was aber wenn die erwartete Wirkung nicht eintritt, weil nicht getroffen wurde? Dann hält die Kata mit den zwei sprungeinleitenden Bewegungen eine wirksame Alternative bereit.

Der Ellenbogen oder das Kinn wurde nicht im Rahmen des Konters getroffen. Der Angreifer ist also noch nicht besiegt und könnte versuchen wieder die Kontrolle über die Situation zu erlangen. Chaos! Das ist das Rezept der Kata Empi. So auch hier:

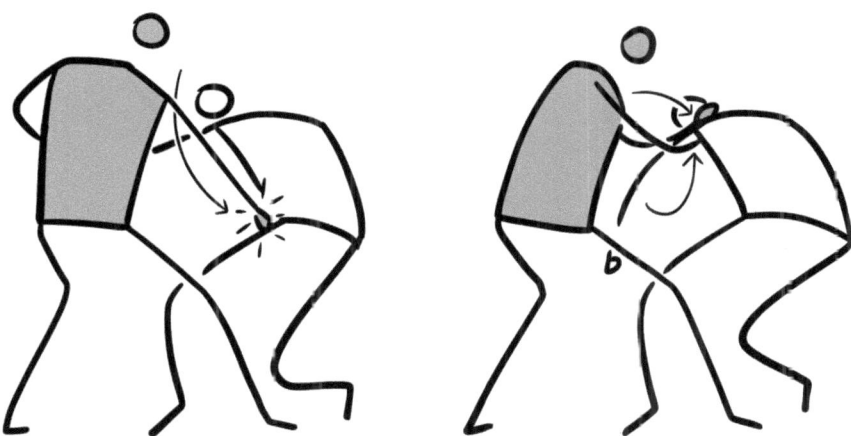

Nachdem der Angriff nach oben nicht die gewünschte Wirkung hatte, wird als nächstes unten angegriffen, um anschließend wieder oben zu treffen! Aus der eingenommenen, seitlichen Position hat der erste Konter gegen die Genitalien oder den Oberschenkel ein wenig auf das „Zeitkonto" eingezahlt. Die finalen Techniken haben nicht funktioniert und der eigene rechte Arm befindet sich nach der Ellenbogen- oder Kinnattacke oben.

Die Kata-Form setzt nun nach dem Zenkutsu-Dachi in den Kokutsu-Dachi um und nutzt dafür einen Suri-Ashi (Gleitschritt) in den Kiba-Dachi. Dabei führt die rechte Hand einen Gedan-Tetsui (Tiefer Hammerschlag) aus. Ziel sind erneut die Genitalien. Die erwartete Reaktion ist wieder ein Vorbeugen.

Im weiteren Verlauf kommt nun der eigene linke Arm in Richtung Kopf des Angreifers vorwärts. Hierdurch können nun beide Arme, der rechte von unten und der linke von oben, den Kopf des Angreifers fangen. Sobald das geschehen ist, wird dieser an den eigenen Körper herangezogen. Beide Personen sind fest miteinander verbunden.

Die Kata-Form zeigt nun einen Sprung, welcher mit dem rechten Bein eingeleitet wird und eine 360 Grad Drehung beschreibt. In der Anwerdung erfolgt kein Sprung. Anstelle des Verteidigers verlässt der Angreifer kurzzeitig den Boden und wird curch die Drehung, diesmal mit den linken Bein eingeleitet, geworfen.

Nach dem Sprung wird in der Kata-Form ein letzter Kokutsu-Dachi rückwärts ausgeführt. Hier sehe ich eine Sicherheitsbewegung um wieder n eine ungefährliche Distanz zum Angreifer zu gelangen.

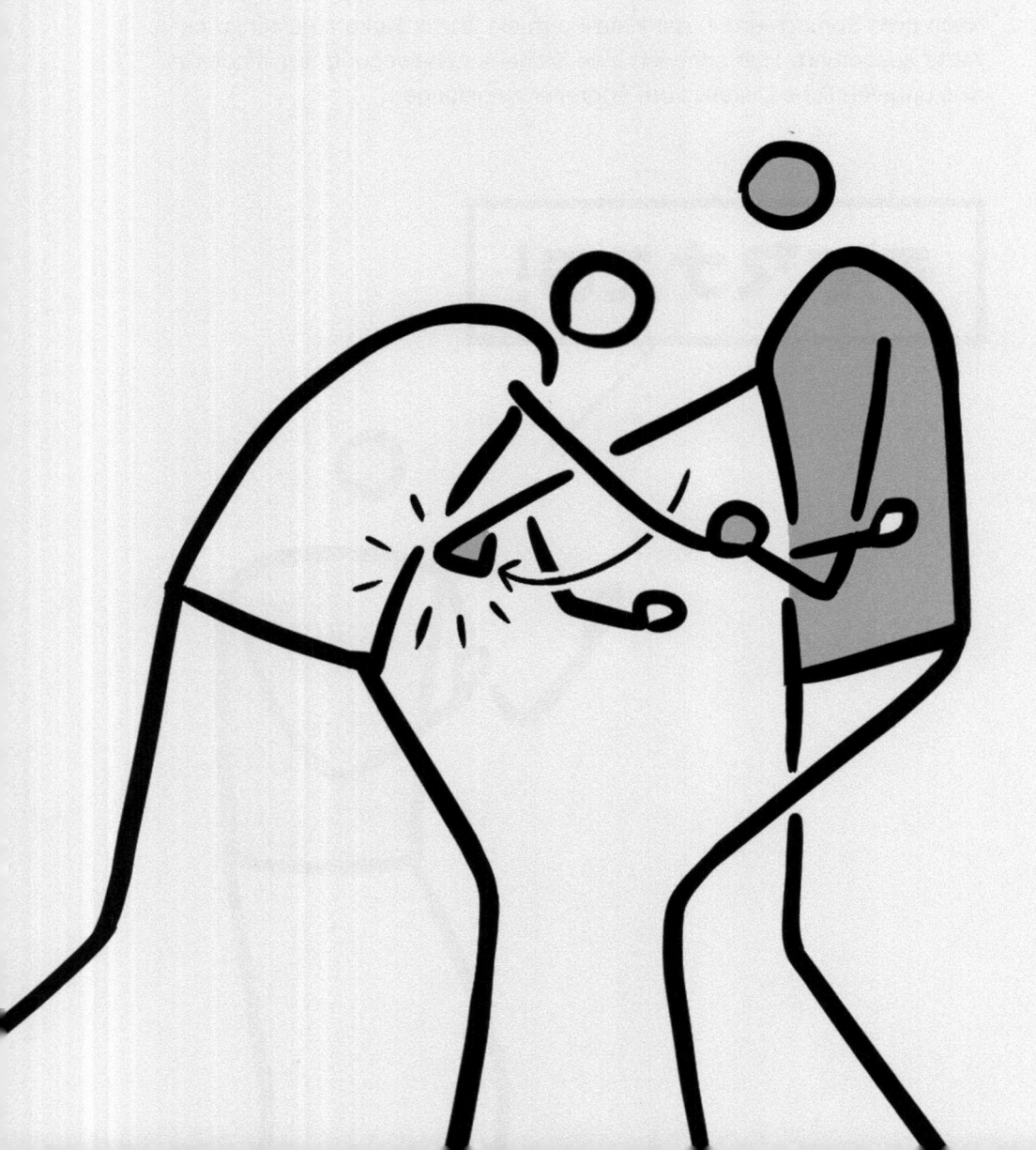

ZUSAMM-MENFAS-SUNG

DIE KATA EMPI BEREITEN DEN ÜBENDEN IN UNTERSCHIEDLICHEN ASPEKTEN SEHR GUT VOR.

SIE ZEIGT VERSCHIEDENE, RELATIVE AUSGANGSPOSITIONEN ZUM ANGREIFER.

Schlägt dieser mit dem rechten Arm zum unteren Körper zu, hat sie Antworten auf Positionierungen rechts, vor und links neben dem Arm. Erfolgt nach dem rechten Schlag ein Trittangriff gibt es dafür eine Lösung, genauso wie für den Fall, dass nach dem ersten Schlag ein zweiter Schlag mit links erfolgt.

Gleich mehrere Alternativen bietet sie, wenn Konterhandlungen nicht wie geplant funktionieren. Und auch wenn der Angreifer anstelle mit dem rechten Arm seinen Angriff zum Körper mit links startet, hat Sie dafür eine Lösung bereit. Allen Konterhandlungen liegt die Besetzung des gemeinsamen Raumes zugrunde, gepaart mit der Dominanz über den Angreifer. Konterkombinationen erfolgen dabei im Chaos. Bis zu 7 Kontertechniken aus unterschiedlichen Richtungen, zu abwechselnd hohen Zielen und mit verschiedenen Waffen, lassen den Angreifer ohne wirkliche Verteidigungschancen. Über alles dies hinaus biete die Kata dem Verteidiger einige Informationen zu Hebeln sowie Würfen als mögliche Beendigungen der Auseinandersetzungen.

Genug der Worte:

Hol' Deinen Karate-Gi und los geht's ins Dojo.

ICH BIN MIR SICHER, KATAS ZEIGEN UNS ÜBER GENERATIONEN ENTWICKELTE UND VERFEINERTE KAMPF- UND VERTEIDIGUNGS-KONZEPTE!

4. KAPITEL

SCHLUSS-WORT

DANKESCHÖN FÜR EUER INTERESSE!

...UND RESPEKT FÜR'S DURCHHALTEN

Ich glaube es gibt nur eine Sache die schwieriger ist als Karate-Abläufe textlich in einer Art zu beschreiben, die Sinn macht. Lesen! Es ist meines Erachtens nach besonders schwierig, Technikabläufe in Textform aufzunehmen. Deshalb habe ich das Buch so geschrieben, wie ihr es hier in den Händen haltet. Mit allerhand Bildsprache, Beispielen, Wiederholungen und Emotionen.

Ganz sicher wäre dennoch jegliche Mühen vergebens, ohne den Illustrationen meines Freundes Alcis Szabo-Reiss – selbst Karate-SV-Experte (karatedefense.de), Illustrator (alcis.de) und Designer (kreativkopp.de).

Dieses Buch soll Euch als „Arbeitsbuch" inspirieren und praktisch unterstützen. Wenn es Euch ins Training begleitet und irgendwann abgenutzt ins Regal gestellt wird, hat es seinen Zweck erfüllt: Die Shotokan Kata Empi hat als Verteidigungssystem gegen Angriffe zum unteren Körper sein Wissen geteilt!

Euer Christian

Bitte schreib eine Bewertung in den Social Media, abonniere den Karatepraxis-Youtube Kanal und plane den Besuch der Karatepraxis-Lehrgänge und Seminare ein. Als Leser dieses Buches bist du bestens vorbereitet.